माँ अरुन्धती और पिता अच्युत सदाशिव देवचक्के आपके,
पावन चरणों में समर्पित।

हमने अपने चारों ओर एक दीवार बनाई है और हम सभी इसमें फंस गए हैं। यह हम सभी को बेहतर जीवन जीने और हमारे पेशेवर जीवन में बेहतर करने से रोक रहा है। इसके लिए कौन जिम्मेदार है? क्या कोई बाहर से जिम्मेदार है या मैं खुद जिम्मेदार हूँ? यह क्या है? क्या आप इसे जानना और बदलना चाहेंगे? यदि हाँ तो आपको यह पुस्तक अवश्य पढ़नी चाहिए। क्योंकि,हम स्वयं को बदल सकते हैं दूसरों को नहीं।

# Life@360 degree change

## By Anand A. Devchakke

**Mobile:** 9822510641

**Mail:** anand_a_dev@rediffmail.com

First Published in 2021


**Becomeshakespeare.com**

One Point Six Technologies Pvt Ltd
123, Building J2, Shram Seva Premises, Wadala Truck Depot,
Wadala (East), Mumbai 400037, India
T: +91 8080226699


Copyright © 2021, Anand A. Devchakke





©

ISBN - 978-93-5438-837-8

बदलाव की दुनिया में आपका स्वागत है।

# अनुक्रमणिका

# अध्याय 1

# मैंने यह पुस्तक क्यों लिखी?

नमस्ते,

आशा है आप सभी अच्छे होंगे। मेरी बात सुनने के लिए धन्यवाद। मैं यहां आपके साथ हमारे जीवन के बारे में चर्चा करने के लिए आया हूं। कई सालों से मैं सोच रहा हूँ, कि कैसे हम जीवन को आसान बना सकते हैं? और एक हल्के जीवन का आनंद ले सकते हैं? हल्के जीवन का मतलब है उम्मीदों, ईर्ष्या, नफरत, प्रतिस्पर्धा आदि के बोझ के बिना एक जीवन। ये सभी चीजें हमारी सोच, दृष्टिकोण और व्यवहार का हिस्सा हैं और हम सभी उनके बोझ तले दबे हुए हैं। हम सभी ने अपने अनुभव और उम्र के साथ इन चीजों को विकसित किया है। मैं हमेशा सोचता हूं, जब हम बच्चे थे तो हम कैसे व्यवहार करते थे? हम सब कैसे खेलते थे? जीवन कैसे पूरी तरह से तनाव मुक्त था?

लेकिन, जैसे-जैसे हम उम्र में बढ़ते हैं, जिम्मेदारियां बढ़ती जाती हैं और दूसरों की हम से उम्मीदें भी। अब हमने जीवन जीने का एक विशिष्ट पैटर्न बनाया हैं और हम उसमें रहने लगे हैं। इस विशिष्ट पैटर्न में हमारी विशिष्ट सोच, विशिष्ट धारणा, विशिष्ट राय, स्वयं से बात करने की हमारी शैली, दूसरों से बात करने की शैली आदि

शामिल हैं। कुछ वर्षों के बाद हमें उन्हें बदलना मुश्किल लगता है और हम इसमें फंस जाते हैं। शायद हम इसे जनरेशन गैप कह सकते हैं। धीरे-धीरे हम उनके बोझ तले दब जाते हैं और फिर हमारे जीवन में एक प्रकार की नीरसता आ जाती है। आगे जाकर यह हमारी चिंता, हताशा, क्रोध का एक कारण बन जाती है जो हमारे जीवन को भी प्रभावित कर सकता है।

कल्पना कीजिए कि आज रविवार है और आप टीवी पर फिल्म देख रहे हैं। आपको वह फिल्म पसंद नहीं है, तब आप क्या करेंगे? क्या आप पूरे टीवी को बदल देंगे या सिर्फ चैनल या फिल्म बदल देंगे? आसान क्या है? बेशक, चैनल या फिल्म को बदलना,है ना? इसी तरह, हमें जीवन नहीं, बल्कि हमें जीवन के उस चैनल को बदलने की जरूरत है जो नीरसता ला रहा है। ताकि हम अपने जीवन में कुछ ताज़ी हवा का आनंद ले सकें और हल्के जीवन के साथ आगे बढ़ सकें। हमारी सोच, दृष्टिकोण, धारणा आदि में एक छोटा सा बदलाव निश्चित रूप से हमारे जीवन में ताजी हवा लाएगा। ये छोटे छोटे बदलाव हमें बेहतर जीवन जीने में मदद करेंगे।

हम अपने उत्साह को वापस ला सकते हैं ।।

हम अपने आत्मविश्वास को वापस ला सकते हैं ।।

हम जीवन में अपनी रूचि वापस ला सकते हैं ।।

हम अपनी प्रेरणा वापस ला सकते हैं ।।

हम अपनी ऊर्जा वापस ला सकते हैं ।।

हां, हम उन सभी चीजों को वापस ला सकते हैं जो हमारे बचपन में थीं और आज कहीं गायब हैं। अब मुझे आपसे कुछ सवाल पूछने हैं,आप उनका जवाब हाँ या ना में दीजिए।

जब आप सुबह उठते हैं तो क्या सुबह आपको उत्साहित करती है?

जब आप कार्यालय जाते हैं तो यह आपको प्रेरित/उत्साहित करता है?

क्या आप पूरे दिन हल्का और तनाव मुक्त महसूस करते हैं?

क्या दूसरों के साथ आपके संबंध बेहतर हो रहे हैं?

क्या आप खुद से खुश हैं?

क्या आप स्वाभाविक रूप से हंस रहे हैं?

क्या आप आशान्वित हैं?

अगर इन सभी सवालों का जवाब «नहीं» है तो आप एक सही किताब पढ़ रहे हैं।

आज जीवन में सब कुछ एक औपचारिकता बन गया है और इस औपचारिक जीवन में हमने अपना प्राकृतिक जीवन खो दिया है। हमने अपने आस-पास एक विशिष्ट विचार, दृष्टिकोण, राय, धारणाओं की एक दीवार बनाई है और हमें इसमें कुछ बदलाव करने की आवश्यकता है। अगर हम इसे नहीं बदलते हैं तो हम उसी तरह का जीवन जीएंगे जो हम कई सालों से जी रहे हैं।

अविश्वास को विश्वास से बदलें।

नफरत को प्यार से बदलें।

खुद को सम्मान दें और जैसा है वैसा खुद को स्वीकार करें।

अवसर देखो समस्या नहीं।

इस तरह के बदलावों से आप एक बेहतर व्यक्तिगत और पेशेवर जीवन जी सकते हैं। ऐसा नहीं है कि आपके लिए सभी चीजें लागू हो, लेकिन कुछ लागू हो सकती हैं। यह आपका निर्णय है। मैं अपने जीवन में यह सब बदलाव अनुभव कर रहा हूँ इसलिए इस पुस्तक के माध्यम से आप सभी के साथ साझा कर रहा हूँ।

इस पुस्तक में मैंने जो भी चर्चा की है, वह कई अच्छी किताबों और मेरे अपने अनुभवों से है जो मैंने एक क्रम में व्यवस्थित किया हैं और आप सभी के सामने प्रस्तुत किया है।

क्या आप इन बदलाव के लिए तैयार हैं?

# अध्याय 2

# जीवन के प्रति अपनी धारणा बदलें।

जीवन के बारे में आज हमारी धारणा क्या है?

हम जीवन के बारे में क्या सोचते हैं?

जीवन कैसा है?

इन सवालों के जवाब हमें हमारी जीवन शैली के बारे में अधिक बताएंगे। किस तरह से हम जीवन जी रहे हैं? और किस तरह के परिवर्तन की आवश्यकता है? यह हम और अधिक बेहतर समझ सकते हैं। मेरा मानना है,कि जैसे-जैसे हम उम्र में बढ़ते हैं हम जीवन के प्रति विशिष्ट दृष्टिकोण या धारणा विकसित करते हैं। यह अधिकतर हमारे आज तक के प्राप्त अनुभवों पर निर्भर करता है और हम इस विशिष्ट दृष्टिकोण के साथ जीवन जीते हैं। जैसे-जैसे समय बीतता है यह विशिष्ट दृष्टिकोण और अधिक मजबूत हो जाता है। फिर जीवन में जो कुछ भी होता है हम उन्हें इसी नज़रिए से देखना शुरू करते हैं। यहाँ हम अन्य लोगों की राय और

प्रतिक्रिया के प्रभाव में भी आते हैं। अंत में, हम इस विशिष्ट दायरे में फंस जाते हैं और यहाँ से हम अपने जीवन को परिभाषित करते हैं।

कुछ लोग जीवन को संघर्ष के रूप में देखते हैं..

कुछ लोग जीवन को ज़िम्मेदारियों और तनावों के बोझ के रूप में देखते हैं..

कुछ लोग जीवन को उबाऊ समझते हैं..

कुछ लोग जीवन को समस्या के रूप में देखते हैं..

कुछ लोग हैं जो जीवन को एक अवसर के रूप में देखते हैं।

क्या आप जानते हैं यहां कुछ भी हमारा अपना नहीं है। इसीलिए, हम नहीं जानते कि क्या गलत है या क्या सही है? कुछ के लिए जीवन समस्याओं से भरा हो सकता है, और कुछ के लिए जीवन एक अवसर हो सकता है। यहां आपको अपनी पसंद चुनने की जरूरत है।

मेरा मानना है, कि जीवन हमें बेहतर विकल्प चुनने का अवसर है। हम जो चुनते हैं, हमें उसी के अनुसार परिणाम मिलता है। अगर आपको लगता है कि जीवन समस्याओं और तनाव से भरा है तो आपको इस दृष्टिकोण को बदलने की आवश्यकता है, क्योंकि सिक्के का दूसरा पहलू यह भी है कि जीवन अवसरों से भी भरा है। तो अब आप किस तरफ जाना चाहेंगे? यह बदलाव हमें हर समस्या में अवसर देखना सिखाएगा और जीवन जीना आसान हो जाएगा।

अभी तक मैंने जीवन को समस्या और तनाव के रूप में देखा था और मैं इससे तंग आ गया था। इस तरह से सोचने के कारण मैंने

सिक्के के दूसरे पक्ष को अनदेखा कर दिया जो अवसरों से भरा है। लेकिन अब मैंने इसे देखने का अपना दृष्टिकोण बदल दिया है। जीवन को समस्याएं,तनाव और संघर्ष के बोझ के रूप में मानने के बजाय,मुझे लगता है कि मेरा जीवन मेरे लिए आने वाले समय में बेहतर से बेहतर बनने का अवसर है। जीवन के बारे में मेरे नज़रिए में इस छोटे से बदलाव से मुझे जीवन जीने में आसानी हुई और मेरा उत्साह वापस आ गया।

अब कोई भी समस्या या तनाव मुझे परेशान करने के बजाय मुझे लड़ने और जीतने के लिए प्रेरित करता है। अब मैंने चिंताओं को दूर कर दिया और पाया है कि मेरा जीवन पहले की तुलना में बेहतर है।

जब भी आप किसी समस्या या तनाव का सामना करते हैं, तो प्रतिक्रिया करने से पहले अपने आप से एक सवाल करें , क्या मेरे लिए इस समस्या में कोई अवसर छिपा है?

विज्ञान क्या है? विज्ञान और कुछ नहीं, बल्कि मनुष्य के सामने आने वाली समस्याओं में बेहतर मानव जीवन का अवसर विकसित करना है।

क्या आप इस बदलाव के लिए तैयार हैं?

# अध्याय 3

# स्वयं से बात करने की अपनी शैली बदलें

अब तक हमने बाहरी समस्याओं के प्रति अपने दृष्टिकोण को बदलने के लिए चर्चा की थी। अब हमारी स्वयं से बात करने की अपनी शैली में कुछ बदलाव लाना भी उतना ही महत्वपूर्ण है।

क्या आप जानते हैं, हमारा अधिकांश समय हम स्वयं के साथ संवाद करने में खर्च करते हैं और यह हमारे आंतरिक व्यक्तित्व का निर्माण करता है। कभी-कभी हमें इसका एहसास होता है, लेकिन ज्यादातर समय यह बैकग्राउंड में अपने आप बजता रहता है, और हम इसे महसूस नहीं कर पाते। कभी-कभी हम स्वयं से बात करते समय अपमानजनक या नकारात्मक शब्दों का उपयोग करते हैं। यह हमारे आत्मविश्वास को कम करता है और हमारी अपनी छवि का भी अनादर करता है। इस मोड़ से हम स्वयं का अनादर करने लगते हैं और लापरवाह हो जाते हैं क्योंकि हम महसूस करते हैं कि जीवन में कुछ भी नहीं बचा है। यह नकारात्मकता के दुष्चक्र की तरह है। यह जारी रहेगा और हमें उसी के अनुसार परिणाम मिलता रहेगा। हमें इस दुष्चक्र को तोड़ने और इससे बाहर आने

की जरूरत है। नई दुनिया आपका स्वागत करने के लिए तैयार है। अब आप स्वयं में इस बदलाव को महसूस करें।

कई पेशेवर पाठ्यक्रम हैं जो हमें सिखाते हैं कि बाहरी दुनिया के साथ संवाद कैसे किया जाए, लेकिन शायद ही कुछ पाठ्यक्रम उपलब्ध हैं जो हमें सिखाते हैं कि स्वयं के साथ कैसे संवाद करें?

स्वयं के साथ संवाद करने का हमारा तरीका आंतरिक रूप से हमारे व्यक्तित्व को विकसित करता है। इसलिए यह बहुत महत्वपूर्ण है कि हम यह जाँचें कि हम स्वयं से बात करते समय किस प्रकार की सामग्री / शब्द / विचार का उपयोग करते हैं। हम अपने बारे में स्वयं से क्या बात करते हैं? हम दूसरों के बारे में स्वयं से क्या बात करते हैं? यह संवाद नकारात्मक हैं या सकारात्मक? आशावादी हैं या निराशावादी? यह सब बहुत महत्वपूर्ण है क्योंकि यह आपही को परेशान करेगा। आप उम्मीद करते हैं कि दूसरों को बदलना चाहिए,लेकिन वे नहीं बदलते हैं। स्वयं के साथ नकारात्मक बात करने की आपकी शैली आपके और आपके स्वास्थ्य के लिए परेशानी पैदा करती है। यह दैनिक व्यवहार में भी मुश्किलें पैदा करती है। आपकी प्रेरणा और उत्साह को कम करती है। यह आपके आसपास नकारात्मक चक्र भी विकसित करती है और आपको लगने लगता है कि जीवन आगे नहीं बढ़ रहा है।

यदि आप सिस्टम या कंपनी प्रबंधन से खुश नहीं हैं तो नकारात्मक शब्दों का उपयोग करने के बजाय आप कह सकते हैं कि, प्रबंधन या प्रणाली में सुधार की अभी भी गुंजाइश है और उम्मीद है कि ऐसा होगा। इससे आप आराम और आत्मविश्वास महसूस कर सकते हैं। आप अपने आप को उस चिंता से दूर रख सकते हैं जिसका परिणाम नकारात्मक राय के कारण हो सकता है। यह आपकी नौकरी और

प्रदर्शन में भी बाधा नहीं बनेगा। अच्छी आत्म-चर्चा से संबंधों में भी सुधार होता है। यदि आप स्वयं से बात करते समय अच्छे और आत्मविश्वासी शब्दों का उपयोग करके खुद का सम्मान करते हैं तो यह आपके बाहरी दुनिया के साथ व्यवहार में स्वतः ही प्रतिबिंबित होगा।

शुरू में,इसे पूरी तरह से बदलना मुश्किल हैं लेकिन धीरे-धीरे अपनी नकारात्मकता की सीमा  तय करके आप इसे बदल सकते हैं।

तो क्या आप इस बदलाव के लिए तैयार हैं?

# अध्याय 4

# जीवन के कुछ तथ्यों को स्वीकार करें।

प्रकृति ने हमें अपने जीवन को विकसित करने और जीने के लिए कुछ प्रकार की स्वतंत्रता दी है। इसलिए हम कुछ चीजों पर नियंत्रण कर सकते हैं और उन्हें अपनी पसंद के अनुसार विकसित कर सकते हैं। लेकिन कुछ चीजें या घटनाएं ऐसी होती हैं, जिन पर हमारा कोई नियंत्रण नहीं होता। अगर इन बातों या घटनाओं पर बहुत विचार करें तो यह हमारी दिनचर्या को बिगाड़ सकता है  और हमारे जीवन को बुरी तरह प्रभावित कर सकता है। अब तक आप समझ गए होंगे कि मैं क्या बात कर रहा हूँ। अधिक सोचने और विश्लेषण करने के बजाय जीवन में कुछ चीजों को सीधे स्वीकार करना बेहतर है। यह आपकी ऊर्जा को बचाएगा जो आप अन्य उत्पादक कार्यों में उपयोग कर सकते हैं।

जब हम खेल के बारे में बात करते हैं तो हमें पता होना चाहिए कि खेल का मतलब जीत या हार है। कोई जीतेगा तो कोई हारेगा। यह खेल का हिस्सा है। इसलिए जब हम जीतते हैं तो हमें जश्र मनाना चाहिए लेकिन जब हम हारते हैं तो हमें इसे स्वीकार

करना चाहिए और अगले अच्छे प्रदर्शन के लिए प्रयास करना चाहिए। बिना किसी वैध कारण के अगर हम अपनी हार को स्वीकार करने से इनकार करते है, तो इससे हमें परेशानी होगी और सुधार के लिए दरवाजे बंद होंगे। इस वजह से हम सर्वश्रेष्ठ प्रदर्शन करने का अवसर भी खो सकते हैं। जीत या हार किसी भी खेल का एक हिस्सा है और हमें बहुत ही स्वाभाविक तरीके से दोनों को स्वीकार करने की आवश्यकता है।

कई बार, हमें छोटी छोटी चीजों को बहुत गंभीरता से लेने की आदत है। हम इसका विश्लेषण करने में बहुत समय लगाते हैं और कुछ भी नहीं पाते हैं। इसलिए हमें हर चीज की जांच करने की जरूरत है और फिर अगली कार्रवाई का फैसला करना है।

हम यह नियंत्रित नहीं कर सकते कि दूसरे हमारे बारे में क्या बात करते हैं या क्या सोचते हैं? लेकिन हम स्वयं क्या बात करते हैं और क्या सोचते हैं इसे निश्चित रूप से नियंत्रित कर सकते हैं। बस, स्वयं में परिवर्तन को स्वीकार करने की आवश्यकता है।

हमारे जीवन में कई घटनाएं होती हैं, जो हमारे जीवन यात्रा का हिस्सा है। मृत्यु इसमें से एक है। हमें इस तथ्य को बहुत समझदारी से स्वीकार करने की आवश्यकता है। यदि अंत है तो प्रारंभ भी है और अगर प्रारंभ है तो अंत भी है। यह एक चक्र की तरह है जिसे हमें जीवन को खुशी से जीने के लिए स्वीकार करने की आवश्यकता है।

हम में से अधिकांश कई बार अपने अतीत को याद करते हैं और इसके बारे में सोचने में बहुत समय बिताते हैं। हम उन गलतियों के लिए दोषी महसूस करते हैं जो हमने की थीं। अब हमें यह

स्वीकार करने की आवश्यकता है कि हम अतीत में नहीं जा सकते और अपनी गलतियों को सुधार नहीं सकते। इसके बजाय हमें यह सोचना चाहिए कि भविष्य में ऐसी गलतियों से कैसे बचा जाए?

मेरे एक दोस्त को हर चीज़ की आलोचना करने की आदत थी। ऐसा करने में उनका पूरा दिन खराब हो जाता था। एक दिन मैंने उनसे पूछा, आप कई सालों से ऐसा कर रहे हैं क्या आपकी उम्मीदों के मुताबिक कोई सुधार हुआ है? उन्होंने कहा कि कोई सुधार नहीं है। फिर उस बदले में आपको क्या मिला ..? मैंने पूछा।

यह ध्यान रखना महत्वपूर्ण है, कि हम समय को नियंत्रित नहीं कर सकते हैं लेकिन समय का अधिक कुशलता से उपयोग कर सकते हैं। इसलिए हमें आज निर्णय लेने की और जीवन के कुछ तथ्यों को स्वीकार करने की जरूरत है ताकि हमारा जीवन अधिक आसान और खुशहाल हो। अब आप स्वयं में इस बदलाव को महसूस करें।

तो क्या आप इस बदलाव के लिए तैयार हैं?

# अध्याय 5

# परिवर्तन की दिशा में एक शक्तिशाली कदम उठाएं

हम सभी कई वर्षों से एक विशिष्ट जीवन शैली के साथ जी रहे हैं और इनमें से कुछ शैली आज उपयोगी नहीं हो सकती हैं। इसलिए हमें लगता है कि हमें बदलने की जरूरत है। यह इतना आसान नहीं है लेकिन संभव ज़रूर है।

हमें लगता है कि हमें जीवन को बदलने के लिए कुछ बड़े उपाय करने की जरूरत है। लेकिन यह हमेशा सच नहीं हो सकता है। जैसे के, हम सोचना बंद नहीं कर सकते लेकिन हम जिस तरह से सोच रहे हैं उसे निश्चित रूप से बदल सकते हैं। अगर मुझे लगता है कि मैं ऐसा नहीं कर सकता, तो इस सोच को रोकने की कोशिश मत करो। सिर्फ विचार के शब्दों को बदलो। सोचो कि मैं ऐसा कर सकता हूं। सोच अभी भी चल रही है।

कल्पना कीजिए कि आप कार चला रहे हैं और आपने पाया कि सड़क के बीच में एक गड्ढा है तो आप क्या करेंगे? क्या आप सड़क को बदल देंगे या बस अपना स्टीयरिंग थोड़ा सा सही दिशा में घुमाएँगे? जवाब आप जानते हैं।

हमारा जीवन भी कार चलाने जैसा है। जब भी हम समस्या पाते हैं तो जीवन को बदलने की कोशिश न करें बस अपने स्टीयरिंग को सही दिशा में ले जाएं। जीवन उसी दिशा में आगे बढ़ेगा। जब समस्याएँ आती हैं, तो हममें से कई लोग जीवन को बोझ समझने लगते हैं और हम उदास हो जाते हैं। जब हम इस उदास विचारों के साथ जारी रहेंगे तो हम अपना नियंत्रण खो सकते हैं और हमारा जीवन गलत दिशा में जा सकता है।

अब आपको एहसास हुआ कि आपको इसे बदलने की जरूरत है और केवल आप ही ऐसा कर सकते हैं। फिर आप ऐसा करने का फैसला करते हैं। लेकिन केवल फैसला लेने से आप ऐसा नहीं कर सकते। बदलाव की दिशा में आपको एक शक्तिशाली कदम उठाने की जरूरत है। यह एक सामान्य कदम से अलग कदम है।

शक्तिशाली कदम का अर्थ है पूर्ण विश्वास के साथ उठाया गया कदम जिसमें कोई संदेह या भय नहीं है। जब भी हम कुछ तय करते हैं तो हमें इसके बारे में कई संदेह होते हैं। क्या मैं ऐसा कर पाऊंगा? दूसरे क्या कहेंगे? क्या होगा? इस तरह बहुत सारे संदेह डर पैदा करते हैं और डर हमें कुछ भी करने से रोकता है। इसीलिए, कुछ प्रयासों के बाद हम अपने पुराने पैटर्न पर वापस आते हैं। फिर हम कैसे आगे बढ़ सकते हैं?

आप जानते हैं, कि रॉकेट को पृथ्वी के गुरुत्वाकर्षण से अधिक शक्ति की आवश्यकता होती है क्योंकि पृथ्वी का गुरुत्वाकर्षण रॉकेट को आकाश में जाने से रोकने की कोशिश करता है। एक बार रॉकेट पृथ्वी की गुरुत्वाकर्षण सीमा को पार कर जाता है तो चिंता की कोई बात नहीं है। यह आसानी से उड़ सकता है। इसी तरह, हमें अपनी सीमाओं को पार करने के लिए शक्तिशाली कदम उठाने की

जरूरत है। जब आप अपनी सीमा पार कर लेंगे तो आपके लिए सब कुछ आसान हो जाएगा। यही कारण है कि शुरू में जब आप परिवर्तन की यात्रा पर होते हैं, तब आपको शक्तिशाली कदम उठाने की जरूरत होती है जब तक कि आप अपनी सीमा पार नहीं कर लेते।  जब आप चलते हैं, जब आप बात करते हैं, जब आप सोचते हैं यह शक्तिशाली कदम आपके हर कार्य में प्रतिबिंबित होना चाहिए। आत्मविश्वास के साथ चलें, आत्मविश्वास के साथ बात करें, आत्मविश्वास के साथ व्यवहार करें, लेकिन अहंकार से नहीं।

ऐसा मत सोचो कि अब यह संभव नहीं है। ज्यादा मत सोचो। खुद पर विश्वास करें और बदलाव के रास्ते पर चलना शुरू करें। यह शक्ति आपको अपनी सीमाएं पार करने और जीवन के नए आयाम का आनंद लेने में मदद करेगी। इसलिए वादा शक्तिशाली कदम का है और मुझे पता है कि हम यह कर सकते हैं।

तो क्या आप इस शक्तिशाली बदलाव के लिए तैयार हैं?

# अध्याय 6

# कहीं न कहीं खुद को बांध कर रखें।

हमारा जीवन उतार-चढ़ाव से भरा है। इस वजह से कई बार हम परेशान हो जाते हैं और नकारात्मकता का शिकार बन जाते हैं। जैसे पतंग विश्वास के साथ आसमान में उड़ सकती है क्योंकि पतंग की रस्सी कहीं न कहीं बंधी होती है या किसी के हाथ होती है। अब कुछ देर सोचिए अगर हमने पतंग की रस्सी काट दी तो आसमान में उड़ने वाली पतंग का क्या होगा? पतंग अपना नियंत्रण खो देगी और गिर जाएगी।

इसी तरह, हमारा जीवन भी एक पतंग के समान है। हम जीवन के आकाश में उड़ना जानते हैं। लेकिन अगर हमारी रस्सी कहीं बंधी नहीं है, तो हवा का एक छोटा आघात भी हमें परेशान कर सकता है। इसलिए यह ज़रूरी है कि, हमारी जीवन यात्रा की रस्सी को पूरे विश्वास के साथ कहीं न कहीं बांध कर रख देना। आप कहीं भी इस बंधन को बना सकते हैं।

जब आप मोटर चलाते हैं,तो आप सड़क पर कई बाधाओं का सामना करते हैं। लेकिन स्टीयरिंग,गतिवर्धक और ब्रेक का अच्छे समन्वय के साथ उपयोग करते हुए आप अपने गंतव्य तक सुरक्षित पहुंच जाते हैं। आप आवश्यकता के अनुसार उनमें बदलाव भी करते हैं।

कई लोग यह कहते हैं कि वे कहीं भी विश्वास नहीं करते हैं और वे अपने दम पर सब कुछ करने की कोशिश करते हैं। इसमें कुछ भी गलत नहीं है। लेकिन यह अति आत्मविश्वास नहीं होना चाहिए। जब आप किसी समस्या का सामना करते हैं तो आपको अपनी आशाओं को जीवित रखने की आवश्यकता होती है और इस काम में कुछ भी जिस पर आपको भरोसा है वह आपकी मदद कर सकता है। आपके आंतरिक आत्मविश्वास को बाहरी विश्वास से भी समर्थन मिलना चाहिए।

इसलिए जब भी आपका आंतरिक आत्मविश्वास कमजोर होता है तो बाहरी भरोसा आपकी मदद करेगा। यह बाहर का भरोसा कुछ भी हो सकता है। एक छोटी सी प्रेरणादायक सोच भी आपको अपनी नाव को सीमा तक ले जाने में मदद करेगी। यह भरोसा कठिन समय में आपको अनियंत्रित होने से बचाएगा और आपको अपना ट्रैक बनाये रखने में मदद करेगा। आपकी आंतरिक और बाहरी दुनिया के बीच बेहतर समन्वय आपको मानसिक और शारीरिक रूप से मजबूत और खुश रखने में मदद करेगा। क्या जीवन से हमारी उम्मीद इससे अलग है? अब आपको अपने भरोसे की जगह तय करने की जरूरत है। जहाँ आप अपनी रस्सी बाँध

कर जीवन के सफलता के आकाश में निडर होकर उड़ सकते हैं। मेरी शुभकामनाएं हमेशा आपके साथ हैं।

तो क्या आप इस बदलाव के लिए तैयार हैं?

# अध्याय 7

# आपकी सुबह आपका पूरा दिन तय करती है

यह सच है कि सुबह की शुरुआत हमारा पूरा दिन तय करती है। हमारा दिन कैसे गुजरेगा यह सुबह के कुछ जादुई घंटों में तय किया जाता है। सुबह होते जैसे ही हम अपने घर का दरवाजा खोलते हैं बाहर की चीजें हमारे घर में घुस जाती हैं। ऐसा लगता है कि वे रात से ही हमारा इंतजार कर रहे थे। उनमें से कुछ अच्छे हो सकते हैं या उनमें से कुछ बुरे हो सकते हैं।मुझे पता है कि आप निश्चित रूप से अच्छी चीजों को अंदर आने देंगे और बुरी चीजों को बाहर रखने की कोशिश करेंगे। यह हमारी सतर्कता के कारण संभव हो सकता है ।

सुबह के समय जब हम अपनी आंखें खोलते हैं तो ज्यादातर हमें इस बारे में पता नहीं होता है कि हमारे साथ क्या हो रहा है। कई नकारात्मक चीजें हमारे दिमाग में प्रवेश करती हैं और काम करना शुरू कर देती हैं। वे हमारे साथ बने रहते हैं और हमारा पूरा दिन बर्बाद कर देते हैं। जब हम सोते हैं तो वे सुबह प्रवेश करने की

प्रतीक्षा करते रहते हैं। यह सब स्वचालित रूप से और अनजाने में होता है। क्या आप जानना चाहते हैं कैसे?

समीर एक कामकाजी पेशेवर है। वह सुबह 6.00 बजे उठता है। शुरुआती समय में वह बहुत ऊर्जावान रहता है। कार्यालय जाने से पहले वह टीवी चालू करता है और समाचार देखता है। ज्यादातर खबरें दुर्घटना, आत्महत्या और नकारात्मक चीजों के बारे में होती है। एक कप चाय के साथ वह समाचार देखता है और ये सभी नकारात्मक चीजें उसके दिमाग में प्रवेश करती है और तनाव पैदा करती हैं। उसे इस बात का अहसास भी नहीं होता। अगर टीवी नहीं है तो वह अखबार पढ़ता है। न्यूज पेपर्स की शुरुआत दुर्घटना, लड़ाई,राजनीतिक नाटक, आत्महत्या, हत्या आदि के बारे में नकारात्मक खबर से होती है। इस समय वह महसूस करता है कि प्रणाली निराशाजनक है और कुछ भी होने के लिए नहीं है। अब अपने कार्यालय तक पहुँचने के लिए वह 30-40 मिनट तक यात्रा करता है। इस यात्रा के दौरान वह अपना मोबाइल खोलता है और सोशल मीडिया पर सक्रिय हो जाता है। इससे उसका तनाव अधिक बढ़ सकता है। इस तनाव के साथ ही वह अपने कार्यालय में प्रवेश करता है और दिन समाप्त होने का इंतजार करता है। शाम को वह अपना दिन समाप्त करता है और घर वापस चला जाता है। कुछ समय परिवार के साथ बिताता है, टीवी देखता है और फिर सो जाता है। सोते समय वह महसूस करता है कि वह पूरे दिन कुछ भी अच्छा हासिल नहीं कर सका, क्योंकि उसे समय नहीं मिला या उसकी तबियत ठीक नहीं थी। वह पूरे दिन में भय और नकारात्मकता के बोझ तले दबा था। यह हम में से अधिकांश के साथ होता है।

अब बताओ, आप इसे कैसे सही कर सकते हैं? टीवी पर जो प्रसारित हो रहा है वह हमारे नियंत्रण में नहीं है लेकिन जो देखना है वह हमारे नियंत्रण में है। सोशल मीडिया कंटेंट हमारे नियंत्रण में नहीं है, लेकिन हमारी पसंद पर क्या पढ़ना या देखना है। ऑफिस जाते समय समीर के पास 2 विकल्प है एक है मोबाइल देखना और दूसरा है बाहर की ओर देखना और सुबह की सूरज की किरणों,ताज़ी हवा,लोग,पक्षी,पेड़,पौधे,फूल,घर,पहाड़ आदि का आनंद लेना। वे हमारे मन को ताजगी प्रदान करते हैं और हमें आगे आने वाले दिन का नेतृत्व करने के लिए उत्साहित करते हैं। इसलिए यात्रा के दौरान अगर बहुत जरूरी नहीं है तो मोबाइल के बजाय अपने आसपास की दुनिया को देखें और आनंद लें। यह आपके दिमाग को खोलता है और नए विचार आने देता है और हमारे आत्मविश्वास को भी बढ़ाता है। जब आप इस नए विचार और नएपन के साथ कार्यालय में पहुँचते हैं तो आपकी गतिविधि का स्तर बढ़ता है और आप खुशी से अपना दिन समाप्त कर सकते हैं। जब आप अपने दिन को उपलब्धि की भावना के साथ समाप्त करते हैं और घर पहुँचते हैं,आप पाएंगे कि ऊर्जा का स्तर अभी भी ऊँचा है। यह ऊर्जा कई सफल उपलब्धियों की कुंजी है।

हम नकारात्मक विचार,कम ऊर्जा उनके दबाव में रहते हैं और यही कारण है कि हम कुछ नया करने की कोशिश करने के लिए ऊर्जावान महसूस करने में असफल होते हैं। यह हमारे तनाव और हताशा को बढ़ाता है। लेकिन यह हमारे हाथ में है कि दिन को बर्बाद करें या दिन का आनंद लें और इसके लिए हमारे दिन की शुरुआत बहुत महत्वपूर्ण है।

संक्षेप में महत्वपूर्ण 3 बातें मैं आपको बताऊंगा।

1) नकारात्मक समाचार,सोशल मीडिया से सुबह बचें।

2) कार्यालिय या दुकान के लिए यात्रा के दौरान प्रकृति और आप के आसपास की दुनिया का आनंद लें।

3) अपने बारे में सोचने के लिए सुबह के कीमती समय का उपयोग करें।

मुझे पता है कि यह करना हमारे नियंत्रण में है और हम इसे करेंगे।

तो क्या आप इस बदलाव के लिए तैयार हैं?

# अध्याय 8

# अपना जीवन लक्ष्य स्पष्ट रखें

जरा सोचिए,आप बस में सवार हैं और कंडक्टर आपसे पूछ रहा है कि आप कहाँ जाना चाहते हैं? टिकट ले लो। आप स्पष्ट नहीं हैं कि कहाँ जाना है तो क्या होगा? बस कंडक्टर आपसे 3 या 4 बार पूछेगा और फिर आपको बस से नीचे उतरने के लिए कहेगा। अगर यह एक साधारण बस यात्रा के बारे में सच है, तो हमारे जीवन के बारे में यह क्या सच है? क्या हम अपने जीवन लक्ष्य के बारे में स्पष्ट हैं?

इस धरती पर हर व्यक्ति अपने भाग्य को चमकाने के लिए पर्याप्त भाग्यशाली होता है। इसमें अमीर या गरीब का कोई अंतर नहीं है। अंतर हमारे प्रयासों में होता है और हम प्रयास तब करते हैं जब हम अपने जीवन लक्ष्य के बारे में स्पष्ट रूप से जानते हैं। हम इसे समर्पित प्रयास कह सकते हैं। अन्यथा हम भ्रमित होते रहेंगे।

हमें जीवन लक्ष्य की स्पष्टता के साथ अपनी किस्मत को चमकाने की जरूरत है। यदि हमारे पास जीवन लक्ष्य के बारे में स्पष्टता है,तो हम उस दिशा में काम करेंगे जिससे सफलता मिलती है। लेकिन अगर हम जीवन लक्ष्य के बारे में स्पष्ट नहीं हैं तो हम भ्रमित होते रहेंगे। यह बिना नियंत्रण के चलने वाली मोटर की

तरह होगा। सफल और कम सफल लोगों के बीच का अंतर केवल एक है और यह जीवन लक्ष्य की स्पष्टता है।

मैं जानता हूं कि मैं गायक या क्रिकेटर या लेखक बनना चाहता हूं,तब मैं अपने सभी संसाधन (Resources)इस दिशा में जुटाऊंगा और काम करता रहूंगा। अपने निरंतर प्रयासों और काम से मैं सुधार करता रहूंगा और यह सुधार मुझे जीवन में उत्कृष्टता प्राप्त करने में मदद करेगा। एक दिन मेरी किस्मत चमक जाएगी और मुझे वह हासिल होगा जो मैं चाहता हूं। मुझे पता है कि इस प्रतिस्पर्धात्मक दुनिया में उत्कृष्टता का मतलब है सफलता। जीवन में ऐसी कई घटनाएं होती हैं जो आपको भ्रमित कर सकती हैं। लेकिन अगर आप अपने जीवन लक्ष्य के बारे में स्पष्ट हैं तो कुछ भी आपको परेशान या भ्रमित करने की हिम्मत नहीं करेगा। यह वह परिवर्तन है जो आपको जीवन में उत्कृष्टता के साथ अपने लक्ष्य को प्राप्त करने में मदद कर सकता है।

इस दुनिया में दो तरह के लोग हैं। एक प्रकार के लोग हैं जो समय के साथ बहते हैं और जहां समय उन्हें ले जाता है जाते हैं। उनका अपना कोई लक्ष्य नहीं है। इस प्रकार के लोग अपनी नौकरी और व्यापार बदलते रहते हैं। यदि वे एक नौकरी खो देते हैं तो दूसरी और फिर तीसरी और फिर चौथी और कहानी आगे बढ़ती है ... बस कुछ रुपये कमाने के लिए वे ऐसा करते रहते हैं और उन्हें अपनी क्षमता का भी एहसास नहीं है। बाद में वे अपनी रुचि खो देते हैं और जो चल रहा है उस पर जारी रहते हैं। यह उनके जीवन को एक नीरस बनाता है। दूसरे प्रकार के लोग जो अपने जीवन लक्ष्य के बारे में स्पष्ट हैं और इसे प्राप्त करने में पूरी एकाग्रता के

साथ काम कर रहे हैं। इसलिए वे अपनी सारी ऊर्जा उसमें लगा रहे हैं और कुछ भी उन्हें परेशान या भ्रमित नहीं कर सकता।

जीवन सुझावों (suggestions) का एक पेपर है और यदि आप अपने जीवन के लक्ष्य के बारे में स्पष्ट हैं तो आपको अपने लक्ष्य को प्राप्त करने के लिए केवल मददगार सुझाव मिलेंगे और आप भ्रमित करने वाले सुझावों से सफलतापूर्वक बच जाएंगे।

अब प्रश्न यह है कि हमारे जीवन लक्ष्य को कैसे जानें?

## अपने जुनून/पसंद को पहचानें

इस धरती पर हर कोई कीमती है और एक सफल जीवन जीने की क्षमता रखता है। आपको अपने स्वयं के जुनून या पसंद को पहचानने की आवश्यकता है। दूसरों के दबाव में न आएं। कई बार हम नौकरी का चयन करते हैं क्योंकि हमारा दोस्त वहां नौकरी कर रहा है, या हम शिक्षा का चयन करते हैं क्योंकि हमारे दोस्त ने उसे चुना है आदि। ध्यान रखें,कि आपकी पसंद या दिलचस्पी आपके दोस्त से अलग हो सकती है। आपको इसे समझना होगा और उसी के अनुसार अपना जीवन लक्ष्य तय करना होगा।

## दूसरों को दोष देना बंद करें

सफल नहीं होने के लिए कई बार हम अपने माता-पिता,शिक्षकों, दोस्तों,प्रणालियों को जिम्मेदार ठहराते हैं। लेकिन क्या उन्होंने हमें सफल होने से रोका? जैसा कि मैंने बताया, कि इस ग्रह पर हर एक के पास भाग्य का अपना हिस्सा है और हमें अपने प्रयासों या काम से इसे चमकाने की जरूरत है। यह अलादीन का चिराग की तरह है,बस हमें इसे रगड़ने की ज़रूरत है ताकि यह

चमक जाए और हमारी इच्छा को पूरा करे। लोग आपको सुझाव देंगे और हो सकता है कि ये सुझाव फायदेमंद हो या ना हो। अब क्या फायदेमंद है या क्या नहीं, यह इस बात पर निर्भर करता है कि आप जीवन में क्या करना चाहते हैं। यदि कोई आपको बाईं ओर जाने का सुझाव दे रहा है और आपको पता है कि आपकी मंजिल दाईं ओर है,तो क्या आप भ्रमित होंगे? इसलिए यहां यह महत्वपूर्ण है कि आपको अपने जीवन का लक्ष्य पता होना चाहिए और उसी के अनुसार काम करना शुरू करना चाहिए। इसलिए जवाबदेही आपकी है। इसे स्वीकार करें और अभी भी नहीं पता है कि मेरा जीवन लक्ष्य क्या है? तो फिर सोचें, अपने जीवन लक्ष्य की पहचान करें और उस दिशा में काम करना शुरू करें। दिशाहीन जीवन हमेशा परेशानी देता है इसलिए स्वयं को सही दिशा की ओर ले जाएं।

क्या आप इस बदलाव के लिए तैयार हैं?

# अध्याय 9

# जब जीवन महासागर के गहरे तल को छूता है..

जीवन एक महासागर की तरह है कुछ समय हम सतहों पर तैरते हैं और कभी-कभी महासागर के गहरे तल को छूते हैं। यह वह समय है जब हम सोचते हैं कि अब सब कुछ समाप्त हो गया है। आगे क्या करना है पता नहीं? यहां हम भूल जाते हैं, कि सतह पर जाने के अलावा अब कुछ नहीं बचा है और हमारी सफलता की यात्रा इसी मोड़ से शुरू होती है। अब यह ऊर्जा और शक्तिशाली कदम के साथ नई यात्रा शुरू करने का समय है।

जब मैंने कई सफल लोगों की कहानियाँ सुनीं तो मुझे एक बात पता चली कि वे सभी जीवन के इस बुरे दौर से गुज़रे हैं। उनकी वित्तीय स्थिति खराब थी,उनके संबंध खराब थे, उन्होंने नौकरी खो दी थी,वे निराशा में चले गए थे और उनके पास कोई विकल्प नहीं था कि आगे क्या करना है? लेकिन उन्होंने कभी अपनी उम्मीद नहीं खोई और रास्ता ढूंढ लिया।

यदि आप अपने जीवन में इस स्थिति का सामना कर रहे हैं,तो बहुत जल्द ही आप ऊपर सतह पर चले जाएंगे। क्योंकि निचले स्तर को छूने के बाद ऊपर सतह की दिशा में जाने के बजाय अब कोई भी विकल्प नियति के पास नहीं बचा है।

यदि आपने गहरे तल को नहीं छुआ है और जीवन बीच में लटका हुआ है तो ऊपर की ओर जाने की कोशिश करें। यदि यह संभव नहीं है तो निचले स्तर पर जाएं और नए सिरे से शुरुआत करें। यह सब निर्भर करता है कि आप जीवन में आने वाले उतार चढ़ाव के बारे में क्या सोचते हैं।

अपनी आशाओं को कभी मत खोना और उन्हें जीवित रखना क्योंकि अब सतह पर जाने का समय आ गया है। कुछ बदलाव और प्रयासों के साथ आप सतह पर जा पाएंगे। और ऐसा करने के लिए आपकी बदली हुई सोच,धारणा,स्वयं से बात करने का तरीका,शक्तिशाली कदम,आत्मविश्वास आदि निश्चित रूप से ये सभी आपकी सहायता करेंगे।

अब यह बदलाव का समय है। पुरानी शैली में नए बदलाव का अनुभव करें। क्योंकि अब आपका जीवन @360 डिग्री परिवर्तन पर है।

# Life @360 degree change

माँ अरुन्धती और पिता अच्युत देवचक्के आपके,
पावन चरणों में समर्पित।